Recetas para Air Fryer

Descargo de responsabilidad

Sobre el autor

A Sam Kuma le apasiona compartir su experiencia culinaria con el mundo. Su trabajo consiste en la modernización de los planes de dietas saludables. Ha publicado muchos libros de recetas para dietas veganas, cetogénicas, paleo y de comida chatarra, junto con varios libros sobre cocinas étnicas. Su principal objetivo es haga que las dietas saludables, como la vegana y la cetogénica, se conviertan en la corriente principal compartiendo recetas fáciles de crear y apetitosas. En sus dos primeros libros sobre recetas veganas, ha elaborado deliciosos chocolates, postres, helados, hamburguesas y sándwiches veganos.

Descripción del libro

Las recetas con el Air Fryer o la freidora de aire son la última tendencia en las cocinas de todo el mundo. Las freidoras de aire están diseñadas para fría, hornear y asar alimentos con un mínimo de grasa. En esta época en la que todo el mundo busca formas de mejorar su salud, la freidora de aire resulta ser una opción ideal. Requiere un esfuerzo mínimo para su funcionamiento, pero le proporciona los máximos beneficios.

Puede que haya montones de libros sobre freidoras de aire, pero ninguno tan bueno como éste. Este libro ha sido diseñado después de mucha investigación sobre el tema. La información y las recetas proporcionadas en este libro están diseñadas para ayudar a la gente a la transición en el uso de la freidora de aire.

El objetivo principal de este texto es proporcionarle la información vital necesaria para manejar la freidora y cómo puede utilizarla en su beneficio. Desde la enseñanza de las diferentes partes de la freidora hasta su funcionamiento y las ventajas de utilizarla, hay capítulos sobre todos los aspectos que le ayudarán a empezar a utilizar su freidora lo antes posible.

El libro es fácil de leer y se ha dividido en capítulos sencillos que se pueden leer uno por uno. Los capítulos son fáciles de leer y cada uno de ellos explica en detalle los diferentes aspectos de una freidora de aire.

Todas las recetas utilizan ingredientes sencillos y fáciles de conseguir. Las recetas pueden sirva de base para elaborar las suyas propias.

Espero que se divierta leyendo este libro y que utilice la freidora de aire para mejorar su salud.

Tabla de Contenido

Introducción

Una freidora de aire es una máquina sencilla que sirve para fría alimentos sin utilizar aceite. Así es, la máquina elimina el uso de aceite para fría los alimentos y crispa los ingredientes sólo con la ayuda de un poco de agua. Presentada en 2010, la máquina ha llegado a millones de cocinas de todo el mundo y su popularidad aumentará en los próximos años. El aparato es fácil de usar y ayuda a preparar comidas nutritivas con un mínimo de ingredientes.

Este es un aparato que utiliza la reacción de Maillard, que recubre los ingredientes con aire caliente. Este aire crispa los ingredientes por todos los lados y crea una fina capa marrón. El aparato es capaz de elevar la temperatura hasta 200 grados centígrados, por lo que es ideal para crujir una gran variedad de alimentos, incluidas las carnes duras.

La freidora de aire se parece a una olla arrocera y consta de tres partes. La primera parte es la máquina principal que contiene el motor, un extractor, un ventilador de refrigeración y un ventilador de calentamiento. Esto forma la mayor parte de la máquina. El siguiente componente es la cesta que contendrá los ingredientes para la cocción. El tercer componente es la bandeja que se encuentra en la parte inferior y que recoge el exceso de ingredientes.

La freidora de aire viene en muchos tamaños diferentes. Puede elegir la que más le convenga en función de la utilidad que desee obtener de ella.

Phillips y Gowise son dos de las marcas más populares y venden freidoras de aire de calidad. Ha sido diseñada ergonómicamente para un uso eficiente. Las asas son robustas y permiten coger la cesta con facilidad y acoplarla a la máquina principal. También viene con un separador que le permite cocinar muchos alimentos diferentes a la vez.

A continuación, se examinan algunas de las funciones que puede desempeñar la freidora de aire.

La freidora de aire puede utilizarse para hornear alimentos. Puede prescindir de sus hornos convencionales, ya que la freidora hornea los alimentos con facilidad. El accesorio para hornear que incluye es el utensilio perfecto para hornear todos sus alimentos favoritos, incluyendo pasteles, galletas y magdalenas.

La freidora puede utilizarse para asar alimentos. Desde verduras hasta carnes, tiene la posibilidad de asar una gran variedad de ingredientes. Todo lo que tiene que haga es cortarlos en trozos pequeños y añadirlos a la freidora. Elija la temperatura y el temporizador adecuados y su plato estará listo en un abrir y cerrar de ojos.

La freidora de aire puede utilizarse para fría alimentos. Fría en la freidora crispa los alimentos con facilidad y produce el mejor resultado cada vez. Un poco de aceite sobre los ingredientes, o incluso un poco de agua, puede ayudar a que el plato quede crujiente. La freidora crispa los alimentos soplando aire caliente que hace chisporrotear los ingredientes.

También puede utilizarse para recalentar alimentos, así como para descongelar los ingredientes. Añada los ingredientes a la cesta y elija el ajuste adecuado. La freidora se encargará del resto.

Es la mejor opción para las siguientes personas.

- Las personas que buscan opciones de alimentación más sanas deberían pasar a utilizar la freidora de aire ya que ayuda a reducir en gran medida el uso de aceites y grasas. La gente debe utilizar sólo un pequeño porcentaje de la grasa que generalmente utilizan para fría los alimentos.
- La freidora es ideal para los solteros que no pueden cocinar tan bien. La freidora reduce la cantidad necesaria para cocinar. Basta con corte un poco y la freidora se encarga del resto. Elimina la necesidad de dar la vuelta a los ingredientes.

- Los nuevos padres que no pueden cocinar comidas complicadas pueden utilizar la freidora para cocinar comidas fáciles.
- Estudiantes que se inician en la cocina y aprenden las diferentes técnicas culinarias.
- Ancianos que no pueden pasar mucho tiempo en la cocina preparando comidas.

Este libro será la guía definitiva para todos aquellos que deseen subirse al carro de la salud. Puede empezar a trabajar en cuanto termine de leer el libro.

Capítulo 1 - Plan de comidas de 15 días

Día 1

Desayuno - Jamón, champiñones y huevo al horno

Almuerzo - Champiñones rellenos de quinoa

Merienda - Bolas de espinacas con queso

Cena - Macarrones con queso en la freidora

Postres - Gulab yamun

Día 2

Desayuno - Tortilla de queso

Almuerzo - Hamburguesas en la freidora

Merienda - Triángulos de feta

Cena - Fideos con pollo

Postres - Bizcocho de limón

Día 3

Desayuno - Tostadas de queso

Almuerzo – Saltimbocca de rollos de ternera con salvia

Merienda - Bolas de arroz y queso

Cena - Patatas rellenas al horno

Postres - Tarta de galletas Oreo

Día 4

Desayuno - Huevos al aire

Almuerzo - Pechuga de pavo con glaseado de mostaza de arce

Merienda - Champiñones al ajo

Cena - Calabacín relleno de carne

Postres - Galletas de cacahuete

Día 5

Desayuno - Palitos de tostadas francesas

Almuerzo - Souvlaki con ensalada griega y Tzatziki

Merienda - Patatas fritas con aguacate crujiente

Cena - Hamburguesas de salmón

Postres - Tarta de calabaza

Día 6

Desayuno - Huevos al horno en cuencos de pan

Almuerzo – Filete de falda al chimichurri

Merienda - Croquetas de patata

Cena - Lasaña de remolacha, calabaza y queso de cabra

Postres - Macarrones cubiertos de chocolate

Día 7

Desayuno - Fácil desayuno inglés completo

Almuerzo - Pizza de portabella y pepperoni

Merienda - Cuñas de patata con ajo y chile

Cena - Pollo tikka

Postres - Natillas de arándanos

Día 8

Desayuno - Tostadas saladas

Almuerzo – Escalope parmigiana

Merienda – Jamones de pollo Tandoori

Cena - Fideos mixtos asiáticos

Postres - Tartas de melocotón

Día 9

Desayuno - Desayuno inglés

Almuerzo - Pastel de carne

Merienda - Mini quiches al horno

Cena - Albóndigas fritas en salsa de tomate

Postres - Tarta de manzana

Día 10

Desayuno - Avena con pimientos

Almuerzo - Camarones Pil Pil con batatas

Merienda - Rueda de Mac & Cheese

Cena - Asado de cordero

Postres – Magdalenas de red velvet

Día 11

Desayuno - Tortilla de queso

Almuerzo - Tofu frito

Merienda - Bocaditos de coliflor y búfalo

Cena - Lasaña de espinacas y queso

Postres - Bizcocho de limón

Día 12

Desayuno - Jamón, champiñones y huevo al horno

Almuerzo - Bistec de falda al Chimichurri

Merienda - Samosa

Cena - Pollo tikka

Postres - Crumble de moras y albaricoques

Día 13

Desayuno - Huevos al aire

Almuerzo - Pasteles de pescado tailandeses con salsa de mango

Merienda - Bolas de arroz y queso

Cena - Fideos con pollo

Postres - Tarta de calabaza

Día 14

Desayuno - Fácil desayuno inglés completo

Almuerzo – Saltimbocca de rollos de ternera con salvia

Merienda - Cuñas de patata con ajo y chile

Cena - Pollo tikka

Postres - Galletas de cacahuete

Día 15

Desayuno - Tostadas de queso

Almuerzo - Pechuga de pavo con glaseado de mostaza de arce

Merienda - Bocaditos de coliflor y búfalo

Cena - Calabacín relleno de carne

Postres - Gulab Yamun

Capítulo 2: Recetas de desayuno en la freidora de aire
Jamón, champiñones y huevo al horno

Preparación: 10 min	Total: 18 min	Porciones: 2

Ingredientes:

- 8 champiñones pequeños, cortados en cuartos
- 8 tomates cherry, cortados por la mitad
- 6 rebanadas de jamón acaramelado
- 2 huevos
- ½ taza de queso cheddar
- 1 ramita de romero picada (opcional)
- Sal al gusto
- Pimienta en polvo al gusto
- Ensalada de verduras para servir
- Un poco de mantequilla derretida para engrase
- 2 croissants de trigo integral

Instrucciones:

1. Engrase el accesorio para hornear o una fuente de horno, más pequeña que la freidora de aire con mantequilla derretida.
2. Coloque la mitad de los champiñones y los tomates cherry en el plato. Coloque la mitad del jamón. Espolvoree la mitad del queso. Repita la capa anterior.
3. Haga 2 pequeños pozos (cavidades) en la capa de jamón. Rompa un huevo en cada uno de los pozos.

4. Sazone con sal y pimienta. Espolvoree el romero por todas partes.
5. Coloque la bandeja de horno en la cesta de la freidora de aire. Coloque también los croissants.
6. Hornee en una freidora de aire precalentada a 320 °F durante 8 minutos. Después de 4 minutos, retire los croissants. Puede retirelos antes si le gustan menos tostados.
7. Puede ajustar el tiempo según la forma en que le gusten los huevos. Ajuste un tiempo menor si le gustan los huevos blandos o un poco más de tiempo para los huevos medio cocidos o más tiempo para los huevos completamente cocidos.
8. Para servir: Coloque el croissant en un plato de servir. Coloque encima el jamón y los huevos al horno. Acompañe con ensalada verde.

Tortilla de queso

Preparación: 10 min	Total: 23 min	Porciones: 1

Ingredientes:

- 1 cebolla grande picada
- 2 cucharadas de queso cheddar rallado
- 3 huevos
- ½ cucharadita de salsa de soja
- Sal al gusto
- Pimienta en polvo al gusto
- Spray de cocina

Instrucciones:

1. Bata los huevos, la sal, la pimienta y la salsa de soja.
2. Rocíe una sartén pequeña que sea más pequeña que la freidora de aire y que quepa dentro de la freidora de aire con aceite en aerosol.
3. Añada las cebollas y extiéndalas por toda la sartén y coloque la sartén dentro de la freidora de aire.
4. Fría al aire a 350°F durante 6-7 minutos o hasta que las cebollas estén translúcidas.
5. Vierta la mezcla de huevos batidos por encima de las cebollas. Espolvoree el queso por encima.
6. Fría al aire durante otros 5-6 minutos o hasta que los huevos estén cuajados.
7. Saque de la freidora de aire y sirva con pan multigrano tostado.

Burrito de desayuno

Preparación: 10 min	Total: 18 min	Porciones: 2

Ingredientes:

- 4 huevos
- ½ aguacate, en rodajas
- 6-8 lonchas de pechuga de pavo o de pollo
- ½ pimiento rojo, en rodajas
- ¼ de taza de queso mozzarella rallado
- Sal al gusto
- Pimienta al gusto
- 2 tortillas
- 4 cucharadas de salsa + extra para servir

Instrucciones:

1. Rocíe una sartén pequeña que sea más pequeña que la freidora de aire y que quepa con aceite en aerosol.
2. Bata los huevos junto con la sal y la pimienta. Vierta en la sartén preparada.
3. Coloque la sartén en la freidora de aire. Fría al aire a 390°F durante 5 minutos. Saque la sartén de la freidora. Saque con cuidado el huevo de la sartén. Córtelo en tiras.
4. Coloque papel de aluminio en la bandeja de la freidora.
5. Coloque las tortillas en su área de trabajo. Coloque algunas tiras de huevo, rodajas de pollo o pavo, aguacate, pimiento y queso. Ponga un poco de salsa. Envuélvalo y colóquelo en la bandeja preparada con la unión hacia abajo.

6. Coloque la bandeja en la freidora de aire. Fría al aire a 350°F durante 3 minutos.
7. Sirva con salsa.

Queso en la tostada

Preparación: 5 min	Total: 10 min	Porciones: 2

Ingredientes:

- 4 cucharadas de encurtidos Branston
- 4 rebanadas de pan integral o de pan multicereales, ligeramente tostadas
- 4 cucharadas de mantequilla
- 4 cucharadas de parmesano rallado

Instrucciones:

1. Unte con 1 cucharada de mantequilla cada una de las rebanadas de pan.
2. Esparza una cucharada de pepinillo Branston sobre la capa de mantequilla.
3. Espolvoree una cucharada de queso sobre cada una de las rebanadas de pan.
4. Coloque una hoja de papel de aluminio en el fondo de la cesta de la freidora.
5. Coloque las rebanadas de pan en la cesta de la freidora.
6. Fría al aire a 390°F en una freidora de aire precalentada durante 4 a 5 minutos.
7. Sirva caliente.

Huevos horneados al aire

Preparación: 15 min	Total: 30 min	Porciones: 2

Ingredientes:

- 3,5 onzas de jamón en lonchas
- 2 huevos grandes, refrigerados
- ½ libra de espinacas tiernas
- 1 ½ cucharaditas de aceite de oliva
- 2 cucharadas de leche entera
- Sal al gusto
- Pimienta al gusto
- Mantequilla sin sal al gusto, derretida

Instrucciones:

1. Engrase 2 refractarias con mantequilla derretida.
2. Ponga una sartén a fuego medio. Añada el aceite. Cuando el aceite esté caliente, añada las espinacas y saltéelas hasta que se marchiten. Si hay exceso de humedad en la sartén, escúrrala.
3. Reparta las espinacas entre las refractarias. Reparta y coloque el jamón sobre las espinacas.
4. Rompa un huevo en cada cazuela. Vierta una cucharada de leche en cada uno. Sazone con sal y pimienta.
5. Fría al aire a 350°F durante unos 15 minutos o según la forma en que le guste que se cuajen los huevos.

Palitos de tostadas francesas

Preparación: 5 min	Total: 12 min	Porciones: 2

Ingredientes:

- 4 huevos batidos
- 8 rebanadas de pan integral
- ½ cucharadita de canela molida
- 1/8 cucharadita de clavo de olor molido
- 1/8 cucharadita de sal
- 1/8 de cucharadita de nuez moscada molida
- 4 cucharadas de mantequilla ablandada
- Jarabe de arce para servir
- Spray de cocina

Instrucciones:

1. Añada la sal, la canela, la nuez moscada y el clavo a los huevos batidos y bata ligeramente.
2. Aplique mantequilla a cada lado de las rebanadas de pan. Corte en tiras de aproximadamente 1 pulgada de ancho.
3. Sumerja cada una de las tiras en la mezcla de huevo y colóquelas en la sartén precalentada de la freidora. Fría al aire a 350°F durante 6-7 minutos. Coloque todas las que pueda, pero sin amontonar. Puede cocinar en lotes si es necesario.
4. Después de unos 2 minutos de fría al aire, retire la sartén de la freidora de aire y rocíe los palitos de pan con aceite en aerosol. Voltee y rocíe el otro lado también.

5. Vuelve a colocar la sartén en la freidora de aire y fría durante unos 4 minutos o hasta que esté dorada.
6. Saque de la freidora de aire. Sirva caliente con jarabe de arce.

Huevos al horno en cuencos de pan

Preparación: 5 min	Total: 25 - 30 min	Porciones: 2

Ingredientes:

- 2 huevos grandes
- 2 cucharadas de crema de leche
- 2 panecillos crujientes
- 2 cucharadas de hierbas frescas mezcladas de su elección
- Sal al gusto
- Pimienta al gusto
- Queso parmesano al gusto, rallado

Instrucciones:

1. Corte la parte superior de cada uno de los panecillos. Déjelos a un lado.
2. Retire un poco de pan del panecillo para que se cree un agujero. (Debe ser lo suficientemente grande como para que quepa un huevo).
3. Rompa un huevo en cada rollo. Espolvoree algunas hierbas frescas por encima. Ponga un poco de crema. Espolvoree sal y pimienta. Por último, espolvoree el queso por encima.
4. Hornee en una freidora de aire precalentada a 350°F durante 20-25 minutos hasta que el pan esté tostado y los huevos estén cuajados según la forma en que le guste cocinarlos.
5. Después de unos 18 minutos de cocción, coloque la parte superior del pan que se reservó en la freidora de aire y hornee hasta que

se dore. Deje reposar el panecillo relleno y la parte superior durante 5 minutos.

6. Saque los panecillos y colóquelos en un plato. Cubra con las tapas y sirva caliente.

Fácil desayuno inglés completo

Preparación: 5 min	Total: 20 min	Porciones: 2

Ingredientes:

- 4 tomates cortados por la mitad
- 4 setas de castaña
- 1 diente de ajo machacado
- 2 chipolatas
- 2 lonjas de tocino ahumado
- 2 huevos
- 3,5 onzas de espinacas
- Spray de cocina

Instrucciones:

1. Tome una sartén más pequeña que la freidora de aire. Rocíe con spray de cocina.
2. Coloque los tomates, los champiñones y el ajo en ella. Rocíe un poco de spray de cocina por encima.
3. Coloque la sartén en la cesta de la freidora de aire. Coloque el tocino y las chipolatas en la cesta.
4. Fría en una freidora de aire precalentada a 390°F durante 10 minutos.
5. Mientras tanto, coloque las espinacas en un bol. Vierta agua caliente hirviendo sobre las espinacas. Déjelas reposar durante unos minutos hasta que se marchiten. Escurra el agua y añada las espinacas a la sartén.

6. Haga 2 cavidades en las espinacas. Rompa un huevo en cada una de las cavidades.
7. Reduzca la temperatura de la freidora a 320°F. Cocine durante unos minutos hasta que los huevos estén cuajados a su gusto.
8. Sirva caliente.

Desayuno inglés

Preparación: 5 min	Total: 25 min	Porciones: 2

Ingredientes:

- 2 huevos
- 4 salchichas medianas
- ½ lata de alubias cocidas
- 4 lonjas de tocino sin ahumar
- 4 rebanadas de pan multicereales tostadas

Instrucciones:

1. Coloque las salchichas y el tocino en su freidora de aire precalentada. Fríe al aire durante 10 minutos a 320 °F.
2. Vacíe las alubias cocidas en 2 refractarias. Rompa los huevos en otros 2 moldes.
3. Coloque los moldes en la freidora de aire junto con las salchichas y fríalos durante 10 minutos a 390 °F.
4. Saque de la freidora de aire e invierta en una fuente de servir. Coloque las salchichas y el tocino en ella.
5. Sirva inmediatamente con pan tostado.

Tostadas saladas

Preparación: 5 min	Total: 9 min	Porciones: 2

Ingredientes:

- ½ taza de harina de garbanzos
- 1 chile verde, cortado en rodajas finas
- Agua según sea necesario
- 1 cucharada de cilantro fresco picado
- 1 cebolla mediana, finamente picada
- ½ cucharadita de sal o al gusto
- ¼ de cucharadita de chile en polvo
- 6 rebanadas de pan integral
- Un poco de aceite para cepillar

Instrucciones:

1. Añada la harina de garbanzos a un bol amplio. Añada aproximadamente ¼ de taza de agua y mezcle hasta obtener una masa de consistencia fácil de manejar. Añada más agua si es necesario, 1 cucharada cada vez y mezcle bien cada vez.
2. Añada el resto de los ingredientes, excepto el pan, y mezcle bien.
3. Coloque un papel de aluminio en el fondo de la cesta de la freidora.
4. Aplique la masa preparada en ambos lados del pan o sumérjalo en la masa e inmediatamente retírelo y colóquelo en la cesta de la freidora de aire.

5. Fría al aire a 350°F durante 4-5 minutos en una freidora de aire precalentada o hasta que esté hecho.
6. Cocine por tandas.
7. Unte las rebanadas de pan rebozadas con un poco de aceite después de un par de minutos de cocción o también puede utilizar spray de cocina.
8. Sirva con ketchup o un dip de su elección.

Avena con pimientos

Preparación: 10 min	Total: 17 min	Porciones: 2-4

Ingredientes:

- 2 pimientos grandes, cortados por la mitad a lo largo y sin pepitas
- 2 cucharadas de alubias rojas cocidas
- 2 cucharadas de garbanzos cocidos
- 2 tazas de avena cocida
- 1 cucharadita de comino molido
- ½ cucharadita de pimentón
- ½ cucharadita de sal o al gusto
- ½ cucharadita de pimienta negra en polvo
- ½ taza de yogur

Instrucciones:

1. Coloque los pimientos con su parte cortada hacia abajo en la freidora de aire.
2. Fría en una freidora de aire precalentada a 390°F durante 2-3 minutos. Retire de la freidora y reserve.
3. Mezcle el resto de los ingredientes en un bol.
4. Cuando los pimientos estén lo suficientemente fríos como para manipularlos, divida y rellene los pimientos con esta mezcla.
5. Vuelva a colocar el pimiento relleno en la freidora de aire y fríalo durante 4 minutos.
6. Sirva caliente.

Capítulo 3: Recetas de aperitivos en la freidora de aire
Bolas de espinacas con queso

Preparación: 15 min	Total: 30 min	Porciones: 8

Ingredientes:

- 1,3 libras de hojas de espinacas
- 1 taza de queso mozzarella rallado
- 1 taza de pan rallado o más si es necesario
- 1 cebolla mediana, finamente picada
- 1 cucharadita de copos de chile
- ½ cucharadita de sal o al gusto
- 1 cucharada de ajo rallado
- ½ taza de almidón de maíz
- Aceite para cepillar

Instrucciones:

1. Coloque las espinacas en un bol. Vierta agua caliente hirviendo sobre las espinacas. Déjelas reposar durante unos minutos hasta que se marchiten. Escurra el agua y añada las espinacas a la batidora. Triture hasta que quede suave. Pase a un bol grande para mezclar.
2. Añada el resto de los ingredientes, excepto el queso, en el bol de la batidora y mezcle hasta que estén bien combinados.
3. Divida la mezcla en 16 porciones. Haga bolas con ella. Aplaste las bolas, coloque un poco del relleno de queso y de forma de bola.

4. Unte con aceite y colóquelo en la cesta de la freidora de aire forrada con papel de aluminio.
5. Fría en una freidora de aire precalentada a 390°F durante 10-15 minutos o hasta que estén crujientes.
6. Fría en tandas.
7. Sirva caliente con ketchup o un dip de su elección. Sirva 2 bolas por ración.

Triángulos de feta

Preparación: 40 min	Total: 43 min	Porciones: 10

Ingredientes:

- 10 hojas de hojaldre, descongeladas
- 1 taza de queso feta desmenuzado
- Pimienta negra recién molida
- Sal al gusto
- 2 cebollas verdes, cortadas en rodajas finas
- 2 cucharadas de perejil picado
- Un poco de aceite para cepillar

Instrucciones:

1. Mezcle el feta, el perejil, la cebolla verde, la sal y la pimienta.
2. Corte cada hoja de hojaldre en 3 tiras iguales.
3. Coloque un poco de la mezcla de feta en la parte inferior de la tira.
4. Doble la esquina de la masa sobre el relleno para forme un triángulo. Doble de nuevo hasta forme un triángulo en forma de zigzag. Repita la operación hasta agotar la tira. Aplique agua en el último borde y presione bien. Cada tira le dará un triángulo.
5. Repita con las tiras restantes. En total se obtienen 30 triángulos rellenos.
6. Unte los triángulos con aceite. Coloque 4-5 triángulos en la cesta de la freidora.
7. Coloque la cesta en la freidora de aire.

8. Hornee en una freidora de aire precalentada a 390°F durante 3 minutos o hasta que se dore.
9. Cocine los triángulos de feta restantes en tandas.
10. Sirva con una salsa de su elección. Sirva 3 triángulos por ración.

Bolas de arroz y queso

Preparación: 20 min	Total: 35 min	Porciones: 8

Ingredientes:

- 2 tazas de arroz cocido, preferiblemente pasado
- ¼ de taza de maíz dulce
- 2 tazas de paneer (requesón fresco), rallado
- 1 zanahoria mediana, pelada y rallada
- Unos cubos pequeños de queso mozzarella
- 2 cucharadas de maicena
- 1 chile verde, finamente picado
- 2 cucharadas de maicena mezcladas con ¼ de taza de agua
- 1 cucharadita de ajo en polvo
- Pan rallado según necesidad
- Sal al gusto
- 1 cucharadita de orégano seco o de condimento italiano

Instrucciones:

1. Mezcle en un bol el paneer, el arroz, el orégano, la sal, el ajo en polvo y la maicena. Mezcle hasta que estén bien combinados.
2. Mezcle en otro bol las zanahorias, los cubos, el maíz y el chile verde. Divida y haga 16 porciones de cada uno. Debe haber al menos 1 cubo de queso en cada porción.
3. Divida la mezcla de arroz en 16 porciones. Forme una bola. Aplánela ligeramente. Coloque una porción del relleno de queso de zanahoria. Cubra por todos los lados para hacer una bola. Repita con las porciones restantes.

4. Coloque una lámina en la cesta de la freidora.
5. Ponga el pan rallado en un bol. Sumerja primero la bola rellena en la maicena mezclada con agua. Pase las bolas rellenas por el pan rallado y colóquelas en la freidora de aire. Rocíe un poco de spray de cocina por encima.
6. Fría en una freidora de aire precalentada a 390°F durante 10-15 minutos o hasta que estén crujientes.
7. Fría en tandas.
8. Sirva caliente con ketchup o un dip de su elección. Sirva 2 bolas por porción.

Champiñones de ajo

Preparación: 15 min	Total: 23 min	Porciones: 8

Ingredientes:

- 2 docenas de champiñones, quitar los tallos
- 4 cucharaditas de aceite de oliva
- 2 rebanadas de pan integral hechas migas
- 2 cucharadas de perejil de hoja plana, picado finamente
- 4 dientes de ajo picados
- Pimienta negra recién molida al gusto
- Sal al gusto

Instrucciones:

1. Mezcle en un bol el pan rallado, el ajo, la sal, la pimienta y el perejil.
2. Añada el aceite de oliva y mezcle para obtener una mezcla de migas.
3. Rellene con esta mezcla los sombreros de los champiñones y colóquelos en la cesta de la freidora.
4. Coloque la cesta en la freidora de aire precalentada.
5. Fría al aire durante 8 minutos a 350°F.
6. Saque de la freidora y coloque en una fuente de servir. Acompañe con una salsa de su elección. Sirva 3 champiñones por ración.

Patatas fritas con aguacate crujiente

Preparación: 15 min	Total: 21 min	Porciones: 4

Ingredientes:

- 2 huevos batidos
- 2 aguacates grandes, pelados, sin hueso, cortados en 8 rodajas cada uno
- 1 taza de pan rallado integral
- ½ taza de harina de trigo integral
- Zumo de ½ limón
- Sal al gusto
- ½ cucharadita de pimienta de cayena
- ¼ de cucharadita de pimienta en polvo
- Yogur griego para servir
- Miel para servir (opcional)

Instrucciones:

1. Añada la harina en un bol y añada la sal, la pimienta y la cayena.
2. Ponga el pan rallado panko en otro bol.
3. Primero se pasan las rodajas de aguacate por la mezcla de harina. A continuación, páselas por la mezcla de huevo y, por último, páselas por el pan rallado. Ahora colóquelo en la cesta de la freidora.
4. Coloque la cesta de la freidora de aire precalentada y fríala a 390°F durante 6 minutos o hasta que esté dorada.
5. Coloque los aguacates en una fuente de servir.

6. Rocíe el zumo de limón por encima y sirve con yogur griego. Puede rociar miel si lo desea.

Croquetas de patata

Preparación: 10 min	Total: 18 min	Porciones: 4

Ingredientes:

- 1 patata grande, hervida, pelada y triturada
- 2 cucharadas de queso parmesano rallado
- Una pizca de nuez moscada molida
- 1 cucharada de harina
- 1 cucharada de cebollino fresco picado
- ¼ de cucharadita de sal o al gusto
- 1/8 de cucharadita de pimienta en polvo o al gusto

Para el recubrimiento:

- ¼ de taza de pan rallado integral
- 1 cucharada de aceite vegetal

Instrucciones:

1. Mezcle todos los ingredientes de las croquetas hasta que estén bien combinados.
2. Divida la mezcla y forme bolas o la forma deseada.
3. Mezcle el aceite y el pan rallado hasta que se desmenuce.
4. Pase las bolas por el pan rallado y colóquelas en la cesta de la freidora.
5. Coloque la cesta en la freidora de aire.

6. Fría en una freidora de aire precalentada a 390°F durante 8 minutos o hasta que se dore.
7. Sirva con ketchup o salsa de su elección.

Cuñas de patata con ajo y chile

Preparación: 60 min	Total: 72 min	Porciones: 8

Ingredientes:

- 4 patatas grandes, cortadas en trozos
- 1 cucharadita de comino molido
- ½ cucharadita de cúrcuma en polvo
- 1 cucharadita de copos de chile rojo
- 2 cucharaditas de pasta de ajo
- 1 cucharadita de polvo de mango seco
- 1 cucharadita de sal o al gusto
- Spray de cocina

Instrucciones:

1. Mezcle todos los ingredientes, excepto las patatas, en un bol pequeño. Frote esta mezcla sobre las patatas. Deje marinar las patatas durante al menos 30-45 minutos.
2. Coloque los trozos de patata en una freidora de aire precalentada. Rocíe con aceite en aerosol y fría a 350°F durante 12-15 minutos o hasta que estén hechas. Gire las cuñas un par de veces mientras se fríe.
3. Sirva caliente.
4. Para servir como almuerzo, sirva las cuñas con una ensalada de su elección.

Jamones de pollo Tandoori

Preparación: 7 horas	Total: 7 horas 10 min	Porciones: 6

Ingredientes:

- 1 docena de trozos de pollo, haga unos cortes con un cuchillo afilado
- 2 dientes de ajo pelados
- Un trozo de jengibre de 2,5 cm, pelado y picado
- ¾ de taza de yogur bajo en grasa
- ½ cucharadita de chile en polvo
- 1 chile verde
- ½ cucharadita de sal o al gusto
- Cebollas en rodajas para servir
- 1 cucharadita de garam masala (mezcla de especias indias)
- Unas gotas de colorante alimentario naranja (opcional)
- Zumo de un limón
- Unos trozos de limón para servir
- Spray de cocina

Instrucciones:

1. Mezcle en una batidora el jengibre, el ajo, el chile en polvo, el chile verde, el yogur y el garam masala hasta obtener una pasta suave y reserve.

2. Mezcle en un bol pequeño el zumo de limón, la sal y el colorante alimentario. Frote esta mezcla sobre los filetes de pollo. Refrigere durante unos 30 minutos.
3. Saque de la nevera y añada la mezcla por encima, mezcle bien.
4. Tape y refrigere durante 6-7 horas. Remueva entre medias unas cuantas veces.
5. Saque de la nevera una hora antes de cocinar.
6. Coloque los filetes de pollo en la bandeja de la freidora. Conserve la marinada.
7. Fría los filetes en una freidora precalentada a 390°F durante 10 minutos.
8. Pincele los filetes con la marinada. Rocíe un poco de spray para cocinar.
9. Fría al aire durante otros 3-4 minutos.
10. Sirva con rodajas de cebolla y gajos de limón.

Mini quiches al horno

Preparación: 20 min	Total: 15 min	Porciones: 8

Ingredientes:

- 2 huevos
- 1 cebolla grande picada
- 1 ¾ tazas de harina de trigo integral
- ¼ de taza de leche
- ¾ de taza de mantequilla
- 2 cucharadas de aceite
- Sal al gusto
- Pimienta en polvo al gusto
- 1 taza de requesón
- ¾ de libra de espinacas frescas picadas

Instrucciones:

1. Precaliente la freidora de aire.
2. Añada la harina, la sal, la mantequilla y la leche a un bol y amase hasta obtener una masa suave. Refrigere durante unos 15 minutos.
3. Mientras tanto, ponga una sartén a fuego medio. Añada el aceite. Cuando el aceite esté caliente, añada las cebollas y saltéelas hasta que estén translúcidas.
4. Añada las espinacas y saltéalas hasta que se marchiten. Retire del fuego. Escurra el exceso de humedad de las espinacas. Puede exprimir el exceso de humedad con las manos.

5. Bata los huevos en un bol y añada el queso y las espinacas y mezcle bien.
6. Saque la masa del frigorífico y divídala en 8 partes iguales.
7. Enrolle la masa en forma de cilindro, lo suficientemente grande como para que quepa en el fondo del molde de la mini quiche.
8. Coloque la masa enrollada en los moldes. Coloque el relleno de espinacas sobre la masa.
9. Coloque los moldes de quiche dentro de la cesta de la freidora de aire y coloque la cesta dentro de la freidora de aire.
10. Hornee a 350°F durante unos 15 minutos.
11. Saque de la freidora de aire. Saque la quiche de los moldes.
12. Sirva caliente o frío.

Rueda de Mac & Cheese

Preparación: 30 min	Total: 60 min	Porciones: 3-4

Ingredientes:

- ¼ de libra de pasta corta o cualquier otra pasta de su elección
- 1 cucharada de café +1/4 de cucharadita de sal
- ¼ de taza de nata líquida
- ¼ de taza de leche entera
- ¼ de taza de queso gruyere rallado
- ¼ de taza de queso Fontina rallado
- ¼ de taza de queso cheddar afilado, rallado
- 2 cucharadas de queso parmesano rallado
- ¼ de cucharadita de condimento de esencia original de Emerils
- Una pizca de nuez moscada molida
- Pimienta al gusto
- Sal al gusto
- 2 cucharadas de pan rallado
- 1 ½ cucharaditas de mantequilla sin sal, derretida

Instrucciones:

1. Cocer la pasta con una cucharada de sal según las instrucciones del paquete. Escúrrala y colóquela en un bol.
2. Añada los quesos, excepto el parmesano, en el bol de la pasta. Añada también la leche, la nata líquida, el condimento original de la esencia, ¼ de cucharadita de sal, la pimienta y la nuez moscada y mezcle bien.

3. Coja una fuente de horno pequeña que sea más pequeña que la freidora de aire y que quepa bien en ella.
4. Coloque la mezcla de pasta en el plato. Mezcle en un bol pequeño el parmesano, el pan rallado y la mantequilla y espolvoree sobre la pasta.
5. Coloque el plato en la cesta de la freidora.
6. Fría en una freidora de aire precalentada a 350°F durante 30 minutos o hasta que se dore.
7. Deje que se enfríe durante 20-25 minutos. Invierta en una fuente de servir. Corte en trozos y sirva caliente.

Bocaditos de coliflor y búfalo

Preparación: 10 min	Total: 35 min	Porciones: 12

Ingredientes:

- 2 cabezas grandes de coliflor, cortadas en ramilletes del tamaño de un bocado
- 4 cucharaditas de ajo en polvo
- 2 cucharadas de mantequilla o aceite de coco derretido
- Sal al gusto
- Pimienta al gusto
- Aceite de oliva en spray para cocinar
- ½ tazas de salsa picante "Frank's Buffalo wing style" o cualquier otra salsa picante para alitas

Instrucciones:

1 Mezcle en un bol grande el ajo en polvo, la sal y la pimienta. Añada la coliflor y mezcle bien. Rocíe un poco de aceite en aerosol sobre las coliflores para que queden bien cubiertas.

2 Coloque un papel de aluminio en la cesta de la freidora. Coloque los ramilletes de coliflor sobre el papel de aluminio.

3 Coloque la cesta en la freidora de aire.

4 Fría en una freidora de aire precalentada a 390°F durante 15-20 minutos o hasta que se dore. Dele la vuelta a la coliflor a mitad de la cocción.

5 Vierta la mantequilla derretida en un bol de cristal. Añada la salsa picante y bata bien.

6 Añada la coliflor asada y remueva bien para que los ramilletes de coliflor queden bien cubiertos por la salsa.

7 Colóquelo de nuevo en la freidora de aire. Cocine durante otros 5 minutos.

8 Sirva inmediatamente

Samosa

Preparación: 20 min	Total: 55-60 min	Porciones: 3-4

Ingredientes

Relleno

- 4 patatas medianas, hervidas
- ½ taza de guisantes cocidos
- 1 ½ cucharadita de polvo de masala de gramo
- 1 cucharadita de pasta de jengibre y ajo
- ½ cucharadita de copos de chile
- ½ cucharadita de cúrcuma
- Una pizca de sal
- ½ cucharadita de semillas de comino
- 2 cucharadas de aceite

Para la cobertura

- 2 tazas de harina para todo uso
- 1 cucharadita de semillas de carambola
- 1-2 cucharaditas de ghee/mantequilla derretida
- Una pizca de sal
- Agua

Instrucciones:

Para el relleno

1 Coge un bol mediano y añada las patatas y los guisantes. Tritúrelos bien para que no queden trozos.
2 Añada a la mezcla anterior la mezcla de gram masala, la pasta de jengibre y ajo, los copos de chile, la cúrcuma en polvo y la sal.
3 Mezcle bien.
4 Mantenga una cacerola a fuego medio. Caliente 2 cucharadas de aceite en la sartén.
5 Añada las semillas de comino a la sartén. Cuando el comino empiece a chisporrotear, añada la mezcla de patatas a la sartén.
6 Mezcle bien y deje cocer durante unos minutos sin dejar de remueva.
7 Cuando esté hecho, retírelo de la sartén y resérvelo.

Para la cobertura

1 Coja otro bol para mezclar y tamice en él la harina todo uso.
2 Añada las semillas de carambola, el ghee y el agua al bol.
3 Amase la mezcla hasta forme una masa firme. Cúbrala con un paño húmedo y déjela reposar durante media hora para que suba.
4 Después de media hora, haga pequeñas bolas con la masa y haga pequeñas tortillas. Corte estos redondeles por la mitad.
5 Tome una de las mitades y coloque una pequeña porción de la mezcla de patatas y dóblela en forma cónica. Selle los extremos con agua.
6 Cuando todas las samosas estén hechas, úntelas ligeramente con aceite.
7 Mantenga la freidora de aire en modo de precalentamiento a 380°F durante 5-7 minutos.
8 Coloque las samosas en la bandeja y cocínelas durante 18-20 minutos o hasta que se doren.
9 Sirva caliente con kétchup.

Capítulo 4: Recetas de comidas en la freidora de aire
Champiñones rellenos de quinoa

Preparación: 20 min	Total: 27 min	Porciones: 4

Ingredientes:

- ½ taza de quinoa, enjuagada, cocinada según las instrucciones del paquete
- 2 cucharadas de nueces picadas en trozos pequeños
- champiñones grandes, retire los tallos
- 4 champiñones de botón, finamente picados
- ½ cucharadita de chile en polvo o al gusto
- Sal al gusto
- Pimienta en polvo al gusto
- 4 cucharadas de queso parmesano rallado

Instrucciones:

1. Mezcle en un bol la quinoa cocida, los champiñones picados, las nueces, el chile en polvo, la sal, la pimienta y el queso.
2. Rellene los champiñones grandes con este relleno.
3. Colóquelos en la cesta de la freidora.
4. Fría en una freidora de aire precalentada a 380°F durante 7 minutos o hasta que esté hecho. Cocine en tandas si es necesario.

Hamburguesas en la freidora

Preparación: 14 min	Total: 59 min	Porciones: 6

Ingredientes:

- 1 libra de carne picada mixta de cerdo y ternera
- 1 ½ cucharaditas de pasta de ajo
- 1 cebolla mediana, picada
- 1 ½ cucharaditas de puré de tomate
- 1 ½ cucharaditas de albahaca
- 1 ½ cucharaditas de mostaza
- 1 ½ cucharaditas de hierbas mezcladas
- Sal al gusto
- Pimienta al gusto
- panes de hamburguesa
- Ensalada para cubrir la hamburguesa
- Rodaja de queso (opcional)

Instrucciones:

1 Añada la carne picada, las cebollas, la pasta de ajo, el puré de tomate, las hierbas, la mostaza, la sal y la pimienta en un bol para mezclar.
2 Divida la mezcla en 6 porciones iguales. Forme las porciones en hamburguesas.
3 Coloque las hamburguesas en la cesta de la freidora de aire. Coloque la cesta en la freidora de aire.

4 Fría en una freidora de aire precalentada a 390°F durante 25 minutos. Ahora reduzca la temperatura a 350°F y cocine durante 20 minutos o hasta que esté hecho.

5 Pincele con aceite si se desea mientras se fríe.

6 Parta los panecillos horizontalmente. Coloque la ensalada de su elección en la parte inferior de la hamburguesa. Coloque una hamburguesa. Cubra con una rebanada de queso. Cubra con la mitad superior de la hamburguesa y sirva.

Saltimbocca de rollos de ternera con salvia

Preparación: 20 min	Total: 25 min	Porciones: 6

Ingredientes:

- chuletas de ternera
- 1 ½ tazas de vino blanco seco
- 12 hojas frescas de salvia
- 2 ½ tazas de caldo de carne
- lonchas de jamón curado
- Pimienta negra recién molida al gusto
- Sal al gusto
- 2 cucharadas de mantequilla ablandada

Instrucciones:

1 Añada el caldo y el vino a una cacerola, ponga la cacerola a fuego alto y hierva hasta que el contenido se haya reducido a 1/3.
2 Salpimente las chuletas de ternera. Coloque las hojas de salvia por encima. Enrolle bien las chuletas.
3 Envuelva cada chuleta con una loncha de jamón. Unte la mantequilla por encima. Coloque los panecillos en la cesta de la freidora de aire y ponga la cesta en una freidora de aire precalentada.
4 Fría al aire a 300°F durante 5 minutos. Fría los rollos en tandas si es necesario.
5 Añada la mantequilla restante a la mezcla de caldo reducido caliente. Añada sal y pimienta.

6   Cuando estén lo suficientemente fríos como para manipularlos, corte
    los rollos de ternera en rodajas. Sirva con la salsa y las judías verdes
    al vapor.

Pechuga de pavo con glaseado de mostaza de arce

Preparación: 10 min	Total: 1 hora 4 min	Porciones: 3

Ingredientes:

- 2 ½ libras de pechuga de pavo
- ½ cucharadita de sal
- ¼ de cucharadita de pimienta en polvo
- ½ cucharadita de tomillo seco
- ½ cucharadita de pimentón ahumado
- ¼ de cucharadita de salvia seca
- 2 cucharadas de jarabe de arce
- 2 cucharaditas de mantequilla
- 1 cucharada de mostaza de Dijon
- 1 cucharadita de aceite de oliva

Instrucciones:

1. Unte la pechuga de pavo con aceite. Mezcle las especias y las hierbas y frote la pechuga de pavo con ellas.
2. Coloque la pechuga de pavo en una freidora de aire precalentada.
3. Fría en una freidora de aire precalentada a 350°F durante 25 minutos. Gírelo por un lado y fríalo durante 12 minutos. A continuación, gírelo por el otro lado y fría durante 12 minutos. La pechuga de pavo completamente cocida debe mostrar una temperatura interna de 165 °F.

4   Mientras tanto, añada el sirope de arce, la mostaza y la mantequilla en un bol y mézclelos bien. Unte la pechuga de pavo por todas partes con ello.
5   Fría al aire durante 5 minutos.
6   Corte y sirva.

Souvlaki con ensalada griega y tzatziki

Preparación: 45 min	Total: 28 min	Porciones: 2

Ingredientes:

Para el Souvlaki:

- 1 libra de carne de cerdo, cortada en cubos del tamaño de un bocado
- ½ cucharadita de pimentón en polvo
- 1 ½ cucharaditas de comino molido
- 2 cucharadas de vinagre
- 1 cucharada de aceite de maíz

Para la ensalada griega:

- 1 pepino pequeño, picado
- 2 tomates maduros, picados
- 2 cucharadas de aceitunas griegas en rodajas
- 1/4 de taza de queso feta desmenuzado
- 2 cucharadas de vinagre de vino
- pimientos verdes pequeños (de bote)

Para el tzatziki:

- ½ pepino pequeño, rallado
- 1 pimiento dulce puntiagudo, cortado por la mitad
- 2 dientes de ajo machacados

- 1 taza de yogur griego sin grasa

Instrucciones:

1 Para hacer el tzatziki: Mezcle todos los ingredientes del tzatziki. tape y reserve.
2 Para el souvlaki: Mezcle todos los ingredientes para el souvlaki y deje marinar durante al menos 20-30 minutos.
3 Saque de la marinada y ensarte en las brochetas e introdúzcalas en la cesta de la freidora.
4 Rellene el pimiento dulce con tzatziki y colóquelo junto con las brochetas.
5 Coloque la cesta en la freidora de aire.
6 Fría en una freidora de aire precalentada a 390°F durante 8 minutos.
7 Mientras tanto, prepare la ensalada griega de la siguiente manera: Mezcle todos los ingredientes de la ensalada y reserve.
8 Sirva el souvlaki con ensalada.

Filete de falda al chimichurri

Preparación: 2 – 5 horas	Total: 45 minutos + tiempo de marinado	Porciones: 2

Ingredientes

- 1 ½ libras de filete de falda
- 1 ½ taza de perejil, picado finamente
- 1/3 de taza de menta, picada finamente
- 1 ½ cucharada de orégano, fresco y picado finamente
- dientes de ajo picados
- 1/2 cucharadita de pimienta roja picada
- 1 ½ cucharada de comino en polvo
- 2 cucharaditas de pimentón ahumado
- 2 ½ cucharadas de vinagre de vino tinto
- 1 cucharadita de pimienta de cayena
- Sal, según el gusto
- Pimienta negra en polvo, al gusto
- 1/2 taza de aceite de oliva

Instrucciones:

1 Tome un recipiente grande y añada lentamente todos los ingredientes indicados en la categoría de chimichurri y combínelos. Mezcle bien y reserve.

2 Divida el filete en dos partes iguales y póngalas en una bolsa de plástico reutilizable.

3 Ponga ½ taza de la mezcla de chimichurri con los filetes en la bolsa y ciérrela. Agite bien.

4   Mantenga la bolsa en el frigorífico entre 2 y 5 horas. Si es posible, déjela en el frigorífico durante un día.

5   Una vez transcurrido el tiempo estipulado, saque la bolsa del frigorífico y resérvela durante 30 minutos para que adquiera temperatura ambiente.

6   Mantenga la freidora en modo de precalentamiento a 200 °C durante 5 minutos.

7   Saque el filete de la bolsa y séquelo con toallas de papel.

8   Coloque con cuidado el filete en la cesta de cocción de la freidora de aire y deje que se cocine durante unos 8-12 minutos. El bistec debe estar medio crudo.

9   Al servir, adorne con un poco de chimichurri.

Pizza portabella con pepperoni

Preparación: 10 min	Total: 16 min	Porciones: 6

Ingredientes:

- champiñones Portabella, sin tallos, limpios
- 24 rebanadas de pepperoni
- 2 cucharadas de aceite de oliva
- ½ cucharadita de condimentos italianos secos
- cucharadas de salsa de tomate
- Sal al gusto
- 1/3 de taza de queso mozzarella rallado
- 1/3 de taza de queso parmesano recién rallado
- ¼ de cucharadita de copos de pimienta triturados

Instrucciones:

1   Unte los sombreros de los champiñones con aceite de oliva generosamente.
2   Espolvoree la sal y los condimentos italianos dentro de los champiñones.
3   Vierta la salsa de tomate sobre los condimentos generosamente. Espolvoree el queso parmesano por encima.
4   Coloque un papel de aluminio en la cesta de la freidora. Coloque los champiñones sobre el papel de aluminio.
5   Coloque la cesta de la freidora de aire en el artefacto.
6   Fría en una freidora de aire precalentada a 330 °F durante 1 minuto.

7 Coloque las rodajas de pepperoni sobre el queso y fríalas al aire durante 3-4 minutos.

8 Espolvoree el queso parmesano y las hojuelas de pimiento rojo y fría un minuto más.

9 Sirva caliente.

Escalope parmigiana

Preparación: 10 min	Total: 30 min	Porciones: 2

Ingredientes:

- 2 escalopes pre-crujidos, de carne o de pollo
- ½ taza de queso parmesano rallado
- 1/3 de taza de salsa para pasta de su elección

Instrucciones:

1 Coloque el escalope en la cesta de la freidora.
2 Coloque la cesta en la freidora de aire.
3 Fría en una freidora de aire precalentada a 350°F durante 15 minutos. Saque de la freidora y añada la salsa de pasta sobre el schnitzel.
4 Espolvoree el queso por encima.
5 Fría al aire durante otros 5 minutos hasta que el queso se derrita.

Pastel de carne

Preparación: 10 min	Total: 35 min	Porciones: 8

Ingredientes:

- 1 ¾ libras de carne molida magra
- 2 huevos ligeramente batidos
- ½ taza de salchichón o chorizo, finamente picado
- champiñones, cortados en rodajas gruesas
- 2 cucharadas de tomillo fresco
- 1 cebolla mediana, finamente picada
- cucharadas de pan rallado integral
- 2 cucharaditas de pimienta negra en polvo recién molida
- Sal al gusto
- Un poco de aceite de oliva para cepillar

Instrucciones:

1 Mezcle en un bol todos los ingredientes excepto los champiñones. Amase para formar la masa.
2 Divida la masa en 2 y colóquela en 2 accesorios o moldes para hornear. Con una espátula extienda la mezcla bien.
3 Divida las rodajas de champiñones y colóquelas sobre la carne en las dos sartenes. Presione los champiñones ligeramente en la carne.
4 Unte la parte superior con aceite de oliva.
5 Coloque una sartén en la cesta de la freidora de aire.
6 Hornee en una freidora de aire precalentada a 390°F 25 minutos o hasta que se dore. Saque la cesta y deje reposar durante 10-12 minutos. Coloque la siguiente sartén en la freidora de aire y repita el paso 6. Corte en trozos y sirva con una ensalada de su elección.

Camarones Pil Pil con batatas

Preparación: 3 horas	Total: 3 horas 20 min	Porciones: 2

Ingredientes:

- 3 batatas grandes, cortadas en rodajas
- camarones, limpios y desvenados
- 2 tallos de limoncillo
- 2 chalotas picadas
- 2 dientes de ajo, cortados en rodajas finas
- 1 guindilla roja sin pepitas, cortada en rodajas finas
- 3 cucharadas de aceite de oliva, divididas
- ½ cucharadita de pimentón ahumado en polvo
- 1 cucharada de romero fresco, finamente picado
- ½ cucharada de miel
- 1 lima, cortada en gajos

Instrucciones:

1 Mezcle en un bol grande el ajo, la guindilla roja, el ajo, la cebolla, el pimentón y 2 cucharadas de aceite de oliva.

2 Añada las camarones y mezcle bien. Deje marinar durante 2 - 3 horas.

3 Coloque las batatas en un bol. Añada el aceite restante, el romero y la miel.

4 Coloque las batatas en la cesta de la freidora de aire y fríalos a 350 °F durante 15 minutos en una freidora de aire precalentada.

5   Ahora fije los camarones en los tallos de hierba limón y colóquelos en la freidora de aire. Aumente la temperatura a 390 °F durante 5 minutos.

6   Sirve las batatas y los camarones con trozos de lima.

Tofu frito

Preparación: 35 min	Total: 60 min	Porciones: 4

Ingredientes:

- 2 bloques de tofu firme, escurridos, exprimidos del exceso de humedad, cortados en cubos del tamaño de un bocado
- ½ taza de harina de arroz o de maíz
- cucharadas de maicena
- ½ taza de queso parmesano rallado (opcional)
- Aceite de oliva en spray para cocinar
- Sal al gusto
- Pimienta al gusto

Instrucciones:

1 Mezcle en un bol la harina de arroz, la maicena y el queso. Añada el tofu y mezcle bien para que el tofu quede bien cubierto.
2 Rocíe con spray de cocina. Coloque los trozos de tofu en una sola capa en la cesta de la freidora.
3 No los superponga. Cocine en tandas si es necesario.
4 Coloque la cesta en la freidora de aire.
5 Fría en una freidora de aire precalentada a 390°F durante 25 minutos o hasta que se dore. De la vuelta a los trozos de tofu tras unos 10-12 minutos de fritura. Vuelva a darles la vuelta si es necesario.
6 Sirva caliente con una salsa de su elección y una ensalada o sopa.

Pasteles de pescado tailandeses con salsa de mango

Preparación: 20 min	Total: 27 min	Porciones: 4

Ingredientes:

- 1 ¼ libras de filetes de pescado
- 1 huevo
- 2 cebollas verdes, picadas finamente
- Zumo de 1 ½ limas
- Cáscara de 1 ½ limas, rallada
- 1/4 de taza de perejil de hoja plana o cilantro
- cucharadas de coco molido
- 2 mangos medianos maduros, pelados y cortados en cubos pequeños
- 2 cucharaditas de pasta de chile rojo
- Sal al gusto

Instrucciones:

1   Añada el pescado, ¾ de la ralladura de lima, el huevo, la sal, 1 ½ cucharadita de pasta de chile rojo, 3 cucharadas de coco y la mitad del zumo de lima al procesador de alimentos y pulse hasta que esté bien combinado.
2   Pase a un bol. Añada el cilantro y la cebolla verde. Divida la mezcla en 15-18 porciones iguales y deles forma de hamburguesas.
3   Coloque 5-6 pasteles de pescado en la cesta de la freidora de aire. Coloque la cesta en la freidora de aire.

4 Fría en una freidora de aire precalentada a 350°F durante 7 minutos o hasta que se dore.
5 Fría el resto de los pasteles de pescado en tandas.
6 Mientras tanto, prepare la salsa de mango de la siguiente manera: Mezcle en un bol, el mango, 1 cucharadita de pasta de chile, un poco de hojas de cilantro, el zumo de lima restante y ¼ de la ralladura de lima. Mezcle bien y reserve.
7 Sirva los pasteles de pescado con salsa de mango y una ensalada de su elección.

Un breve mensaje del autor:

¿Le está gustando el libro? Me encantaría conocer su opinión.

Muchos lectores no saben lo difícil que es conseguir reseñas y lo mucho que ayudan a un autor.

Le agradecería muchísimo que se tomaras sólo 60 segundos para escribir una breve reseña en Amazon, ¡aunque sólo sean unas pocas frases!

Por favor, diríjase a la página del producto, y deje una reseña como se muestra a continuación.

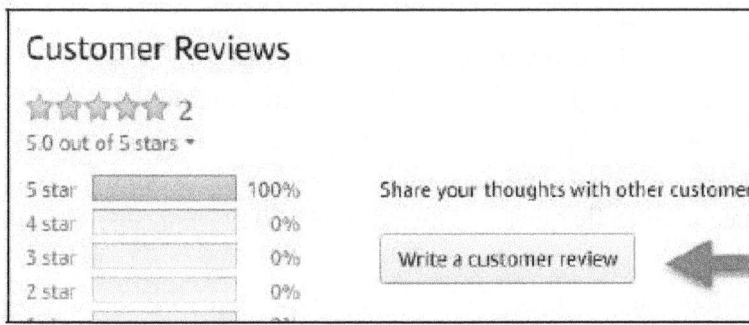

Gracias por tomarse el tiempo de compartir sus opiniones.

Su reseña marcará realmente la diferencia para mí y ayudará a dar a conocer mi trabajo.

Capítulo 5: Recetas de cenas en la freidora de aire
Macarrones con queso en la freidora

Preparación: 15 min	Total: 30 min	Porciones: 3

Ingredientes:

- 2 tazas de macarrones
- 1 taza de leche caliente
- 1 taza de ramilletes de brócoli o coliflor, pequeños y de igual tamaño
- 3 tazas de queso cheddar rallado
- 2 cucharadas de queso parmesano rallado
- Sal al gusto
- Pimienta al gusto

Instrucciones:

1 Ponga una olla con agua a fuego alto. Lleve a ebullición. Añada los macarrones y el brócoli o la coliflor.
2 Baje el fuego a medio y cocine a fuego lento hasta que los macarrones estén al dente. Retire del fuego y escurra el agua. Añádala de nuevo a la olla. Añada el queso cheddar, la sal, la pimienta y la leche y remueva. Pase a una fuente de horno más pequeña que la freidora.
3 Espolvoree el queso parmesano. Coloque el plato en la cesta de la freidora de aire. Coloque la cesta en la freidora de aire.
4 Hornee en una freidora de aire precalentada a 350°F durante 15 minutos o hasta que la pasta burbujee.

5 Déjelo reposar en la freidora durante 8-10 minutos.
6 Sirva.

Fideos de pollo

Preparación: 60 min	Total: 1 hora 16 min	Porciones: 8

Ingredientes:

- 1 ½ libras de filetes de muslo de pollo, cortados en trozos
- 1 ¼ libras de fideos udon
- 1 ½ cucharaditas de sambal olek
- 2 cebollas rojas picadas
- ¾ de libra de castañas
- ¾ de libra de champiñones
- ¾ de libra de brotes de soja
- dientes de ajo, cortados en rodajas
- cucharadas de salsa de soja
- 4 cucharadas de aceite de sésamo
- 2 cucharadas de semillas de sésamo
- ¾ de libra de salicornia
- Un puñado de krupuks

Instrucciones:

1 Mezcle la salsa de soja, el ajo y el sambal olek en un bol grande. Añada los trozos de pollo y mezcle. Deje reposar durante al menos una hora.
2 Mientras tanto, cocine los fideos según las instrucciones del paquete.
3 Rocíe unas 2 cucharadas de aceite de sésamo sobre los fideos cocidos y reserve.

4 Coloque los trozos de pollo en la cesta de la freidora de aire y ponga la cesta en la freidora de aire precalentada. Deseche la marinada.

5 Ponga el temporizador en 16 minutos y fríe a 390°F durante 6 minutos. Dele la vuelta a los trozos de pollo entre medias un par de veces mientras se fríe

6 Después de 6 minutos, añada los champiñones, la cebolla, los brotes de soja y la salicornia y mezcle. Cocine durante otros 5 minutos.

7 Añada los fideos y remueva bien. Cocine durante 4 minutos. Añada el krupuk durante el último minuto.

8 Pase a una fuente de servir. Espolvoree semillas de sésamo por encima y sirva.

9 Nota: Si le parece que está lleno antes de añadir los fideos, retire la mitad de la mezcla de verduras y resérvela. Añada la mitad de los fideos a la freidora de aire. Cocine el resto de las verduras y los fideos en la siguiente tanda.

Patatas rellenas al horno

Preparación: 15 min	Total: 41 min	Porciones: 8

Ingredientes:

- 2 cucharadas de mantequilla derretida
- patatas medianas, peladas y cortadas por la mitad

Para el relleno:

- ½ taza de tocino picado
- 1 cebolla picada
- 2 dientes de ajo picados
- ¼ de cucharadita de sal o al gusto
- ¼ de cucharadita de pimienta en polvo
- ½ taza de queso cheddar rallado

Instrucciones:

1 Coloque papel de aluminio en la cesta de la freidora.
2 Unte las patatas con mantequilla y colóquelas en la cesta de la freidora.
3 Coloque la cesta en la freidora de aire.
4 Fría en una freidora de aire precalentada a 350°F durante 10 minutos. Pincele de nuevo las patatas con un poco de mantequilla y fríalas al aire durante 10 minutos. Retire de la freidora.
5 Cuando las patatas estén lo suficientemente frías como para poder manipularlas, saque el interior de las patatas y reserve el exterior.

6   Mientras tanto, ponga una sartén a fuego medio. Añada el tocino, la patata cortada, la cebolla y el ajo y saltee hasta que el tocino esté cocido.

7   Retire del fuego y añada la mitad del queso, mezcle bien. Enfríe un poco.

8   Cuando esté lo suficientemente frío como para poder manejarlo, vierta esta mezcla dentro de las cajas de patatas.

9   Vuelva a colocar las cajas de patatas en la freidora de aire y espolvoree el queso restante por encima.

10   Fría al aire durante 6-8 minutos. Saque de la freidora y sirva caliente.

Calabacín relleno de carne

Preparación: 20 min	Total: 40 min	Porciones: 2

Ingredientes:

- 2 calabacines grandes
- 2 dientes de ajo machacados
- 2 tazas de carne picada magra
- ½ taza de queso feta desmenuzado
- 1 cucharada de pimentón dulce en polvo
- Pimienta negra recién molida al gusto
- Sal al gusto

Instrucciones:

1 Corte los extremos de los calabacines. Corte cada calabacín en 6 partes iguales.
2 Saque la pulpa con una cucharilla dejando aproximadamente 1 cm del fondo y 1/2 centímetro de los lados.
3 Espolvoree con sal el interior de los calabacines cortados.
4 Mezcle el resto de los ingredientes en un bol. Divida esta mezcla en 12 porciones iguales y rellene las rodajas de calabacín huecas. Presione bien.
5 Cocine los calabacines por tandas.
6 Coloque unas cuantas rodajas de calabacín en la cesta de la freidora de aire. Coloque la cesta en la freidora de aire.
7 Hornee en una freidora de aire precalentada a 350°F durante 20 minutos.
8 Del mismo modo, fría las rodajas de calabacín restantes.
9 Sirva caliente con tomates cherry para una comida completa.

Hamburguesas de salmón

Preparación: 15 min	Total: 40 min	Porciones: 6

Ingredientes:

- 1,8 libras de patatas russet, peladas y cortadas en trozos pequeños
- 1 taza de verduras congeladas, sancochadas y escurridas
- 0,8 libras de salmón
- 2 cucharaditas de eneldo seco
- Sal al gusto
- Pimienta al gusto
- 2 huevos
- 2 cucharadas de perejil fresco picado
- Pan rallado según necesidad
- Spray de cocina
- Mayonesa para servir
- Gajos de limón para servir

Instrucciones:

1 Ponga una olla con agua a fuego medio. Añada las patatas y llévelas a ebullición. Cocine a fuego lento hasta que las patatas estén tiernas.

2 Escurra el agua y vuelva a añadir las patatas a la olla. Ponga la olla a fuego lento hasta que se seque toda el agua. Retire del fuego y pase a un bol grande para mezclar. Enfríe y refrigere durante 15 minutos.

3 Mientras tanto, coloque el salmón en la cesta de la freidora de aire.

4 Fría en una freidora de aire precalentada a 350°F durante 5 minutos o hasta que se dore. Retire de la freidora y deje enfriar ligeramente.

Cuando esté lo suficientemente frío como para manejarlo, desmenuce el salmón con un tenedor y resérvelo.

5 Saque las patatas de la nevera y añada las verduras, el salmón, el perejil, el eneldo, la sal y la pimienta. Mezcle hasta que esté bien combinado. Pruebe y ajuste la sazón si es necesario.

6 Añada los huevos y mezcle bien. Divida la mezcla en 12 porciones iguales. Forme hamburguesas.

7 Forre la cesta de la freidora con papel de aluminio.

8 Pase por pan rallado y coloque en la cesta de la freidora. Rocíe con spray de cocina.

9 Fría en una freidora de aire precalentada a 350°F durante 12 minutos o hasta que se dore. De la vuelta a los lados a mitad de la cocción.

10 Sirva con mayonesa y limón con una ensalada de su elección.

11 Sirva 2 hamburguesas por ración.

Lasaña de remolacha, calabaza y queso de cabra

Preparación: 25 min	Total: 1 hora 20 min	Porciones: 4

Ingredientes:

- 3 libras de calabaza, pelada y picada finamente
- 17 onzas de queso de cabra suave, rallado
- 2,2 libras de remolacha cocida, cortada en rodajas finas
- 3,5 libras de tomates rojos picados
- 3 cucharadas de romero fresco, arrancado
- 1,1 libras de láminas de lasaña frescas
- cucharadas de aceite de oliva
- 1 taza de queso grana padano rallado
- 2 cebollas picadas

Instrucciones:

1   Coloque la calabaza en un bol y añada unas 2 cucharadas de aceite. Mezcle bien y pásela a la cesta de la freidora de aire.

2   Fría en una freidora de aire precalentada a 330°F durante 10 minutos o hasta que estén tiernos. Retire de la freidora y deje enfriar ligeramente. Añada la calabaza en una batidora. Añada también la cebolla, el romero y los tomates y bata hasta que esté suave.

3   Vierta la mezcla en una sartén. Ponga la sartén a fuego lento y caliente la salsa durante 10 minutos.

4   Engrase con un poco de aceite 2 fuentes pequeñas para horno. Vierta parte de la salsa en el fondo de las fuentes. Coloque una capa de láminas de lasaña encima. Vierta más salsa por encima. Coloque algunas rodajas de remolacha. Espolvoree un poco de queso de cabra.

5 Repita las capas anteriores hasta agotar los ingredientes (conserve un poco de salsa y queso de cabra para la capa superior)
6 Por último, espolvoree el queso grana padano sobre el queso de cabra.
7 Hornee por tandas.
8 Hornee en una freidora de aire precalentada a 300°F durante 45 minutos.

Pollo tikka

Preparación: 3 horas	Total: 3 horas 15 min	Porciones: 4

Ingredientes:

Para la marinada:

- 2 tomates medianos, sin semillas, cortados en cubos de 1 pulgada
- 1 cebolla mediana, cortada en cuartos, separando las capas de la cebolla
- 2 tazas de yogur espeso
- 2 cucharaditas de cúrcuma en polvo
- 2 cucharadas de chile en polvo
- cucharaditas de comino en polvo
- 4 cucharaditas de cilantro en polvo
- 1 cucharada de pasta de jengibre
- 1 cucharada de pasta de ajo
- 2 cucharaditas de sal
- 2 cucharaditas de garam masala en polvo (mezcla de especias indias)
- 2 cucharadas de aceite de oliva o cualquier aceite vegetal
- Unas gotas de colorante alimentario rojo anaranjado (opcional)

Para el pollo:

- 2 libras de pollo deshuesado, cortado en trozos de aproximadamente 1 ½ pulgadas

Para servir:

- 2 cebollas medianas, cortadas en rodajas y separadas en aros
- Gajos de limón

- 2 cucharadas de hojas frescas de cilantro o menta, picadas

Instrucciones:

1 Mezcle todos los ingredientes de la marinada y añada los trozos de pollo. Mezcle bien para que el pollo quede bien cubierto.
2 Tape y refrigere durante al menos 2 -3 horas.
3 Saque de la nevera 30 minutos antes de freír.
4 Ensarte el pollo, las cebollas, los tomates y los pimientos en las brochetas de la forma que desee.
5 Coloque papel de aluminio en la cesta de la freidora. Coloque las brochetas en la cesta y la cesta en la freidora de aire. Cocine en tandas.
6 Fría en una freidora de aire precalentada a 390°F durante 15 minutos.
7 Gire las brochetas entre ellas un par de veces mientras se cocinan.
8 Saque a una fuente de servir y coloque sobre un lecho de aros de cebolla. Adorne con cilantro y exprima el jugo de limón por encima.
9 Sirva inmediatamente.

Fideos mixtos asiáticos

Preparación: 15 min	Total: 28 min	Porciones: 2

Ingredientes:

- ½ taza de col, cortada en tiras finas
- 1 zanahoria, pelada, cortada en bastones finos
- 1 cebolla grande, cortada en rodajas finas
- 1 pimiento verde, cortado en rodajas finas
- dientes de ajo picados
- 1 paquete pequeño de fideos de arroz integral
- 1 taza de tofu, cortado en trozos pequeños
- 2 cucharaditas de salsa de soja
- Pimienta blanca en polvo al gusto

Instrucciones:

1   Remoje los fideos de arroz en agua caliente durante unos 7-10 minutos y escúrralos. Rompa los fideos en trozos más pequeños.
2   Añada el resto de los ingredientes a la freidora de aire y mézclelos bien.
3   Fría en una freidora de aire precalentada a 390°F durante unos 5 minutos.
4   Añada los fideos y mezcle bien.
5   Fría al aire durante otros 8 minutos. Remueva entre medias un par de veces.
6   Sirva caliente.

Albóndigas fritas en salsa de tomate

Preparación: 15 min	Total: 30 min	Porciones: 6

Ingredientes:

- 1 ½ libras de carne molida
- 1 cebolla grande, picada
- 1 cucharada de tomillo fresco picado
- 2 cucharadas de perejil fresco picado
- 1/3 de taza de pan rallado integral
- 2 huevos
- Sal al gusto
- Pimienta en polvo al gusto
- 2 tazas de salsa de tomate de su elección

Instrucciones:

1 Mezcle todos los ingredientes, excepto la salsa de tomate, en un bol grande.
2 Forme la mezcla en pequeñas bolas de aproximadamente 1 - 1½ pulgadas de diámetro.
3 Coloque las bolas en la cesta de la freidora de aire y ponga la cesta en una freidora de aire precalentada.
4 Programe el temporizador para 8 minutos y fría a 390º F grado Cdurante 10 minutos. No se debe llenar demasiado. Fría las albóndigas en tandas
5 Cuando esté hecho, transfiera las bolas en una fuente de horno que sea más pequeña que la freidora de aire y que quepa dentro de la misma.

6 Vierta la salsa de tomate por encima. Coloque el plato en la cesta de la freidora de aire.

7 Reduzca la temperatura a 330° F grado C y cocine durante otros 5 minutos.

8 Sirva sobre los espaguetis cocidos.

Asado de cordero

Preparación: 10 min	Total: 50 min	Porciones: 2

Ingredientes:

- 1 libra de cordero asado
- 1 patata grande, cortada en trozos
- 1 manojo de zanahorias holandesas, recortadas y peladas
- 1 batata pequeña, pelada y cortada en trozos
- 1 taza de guisantes congelados, descongelados y cocidos
- 1 cucharada de mezcla de salsa instantánea, cocinada según las instrucciones del paquete
- 1 cucharada de aceite de oliva
- 2 cucharaditas de copos de cebolla
- 2 cucharaditas de ajo machacado
- 2 cucharaditas de romero seco
- Sal al gusto
- Pimienta en polvo al gusto

Instrucciones:

1 Coloque las zanahorias y las patatas en el accesorio para hornear. Espolvoree sal y pimienta.
2 Coloque el accesorio de cocción en una freidora de aire precalentada y fríalo durante 15 minutos. Cuando esté hecho, sáquelo de la freidora y resérvelo para mantenerlo caliente.
3 Mientras tanto, mezcle el romero, el aceite, el ajo y los copos de cebolla en un bol pequeño y frote esta mezcla sobre el cordero.
4 Ponga una sartén pequeña a fuego medio y añada el cordero. Cocine hasta que el cordero se dore por todos los lados.

5 Retire de la sartén y espolvoree con sal y pimienta.

6 Extienda una hoja de papel de aluminio sobre la bandeja de horno y coloque papel de hornear encima. Coloque el cordero dorado encima junto con la batata y la patata.

7 Ase en la freidora de aire a 350°F durante 20-25 minutos. Saque el cordero de la freidora de aire y colóquelo en la tabla de corte. Cuando esté lo suficientemente frío como para manejarlo, corte el cordero en rodajas.

8 En caso de que la batata no esté cocida, hornear un poco más hasta que esté hecha.

9 Sirva el cordero con patatas al horno, batata, zanahorias, guisantes cocidos y salsa.

Lasaña de espinacas y queso

Preparación: 15 min	Total: 50 min	Porciones: 2

Ingredientes:

- 1 cebolla grande picada
- 3 láminas de lasaña seca integral
- ½ taza de queso parmesano rallado
- ½ taza de queso ricotta rallado
- 3 tazas de espinacas congeladas, descongeladas y exprimidas del exceso de humedad
- 1 cucharada de mantequilla
- 1 taza de salsa pesto de su elección
- Sal al gusto
- Pimienta en polvo al gusto
- 1-2 cucharadas de condimento italiano

Instrucciones:

1 Engrase con mantequilla el accesorio para hornear o una fuente de horno que sea más pequeña que la freidora de aire.
2 Coloque una hoja de lasaña en el fondo del accesorio para hornear.
3 A continuación, coloque 1/3 de las espinacas, seguido de 1/3 de las cebollas, 1/3 de la salsa pesto, sal, pimienta y 1/3 del queso ricotta.
4 Repita las capas anteriores dos veces más.
5 En la última capa, espolvoree el queso parmesano por encima. Cubra la fuente de horno con un papel de aluminio.
6 Coloque el accesorio de cocción dentro de la cesta de la freidora.
7 Hornee en una freidora de aire precalentada a 350°F durante 25- 30 minutos. Destape y continúe la cocción durante 3-4 minutos.
8 Saque de la freidora y deje enfriar durante 5 minutos antes de servir.

Capítulo 6: Recetas de postres en la freidora de aire
Gulab yamun

Preparación: 15 min	Total: 20 min	Porciones: 10-12

Ingredientes:

Para el yamun:

- 1 taza de leche en polvo
- 1 taza de leche
- 1 taza de harina
- 2 cucharadas de levadura en polvo

Para el jarabe:

- 2 tazas de azúcar
- 2 tazas de agua
- 1 cucharadita de extracto de rosa o una cucharada de agua de rosas

Instrucciones:

1. Mezcle todos los ingredientes del yamun y forme una masa suave. Divida en 20 -25 porciones iguales y de forma a pequeñas bolas. Coloque las bolas en la cesta de la freidora de aire y coloque la cesta en la freidora de aire.
2. Fría en una freidora de aire precalentada a 350°F durante 5 minutos o hasta que se doren.

3   Mientras tanto, prepare el almíbar de la siguiente manera: Vierta agua en un cazo y coloque el cazo a fuego medio. Añada el azúcar y lleve a ebullición. Remueva hasta que el azúcar se disuelva por completo.

4   Retire del fuego y deje enfriar ligeramente. Añada el extracto de rosa y remueva. Añada las bolas fritas en él y deje que se empapen durante al menos una hora.

5   Sirva caliente o a temperatura ambiente pero no frío

Bizcocho de limón

Preparación: 10 min	Total: 25 min	Porciones: 6-8

Ingredientes:

- 1 taza de harina de repostería
- ¼ de libra de mantequilla a temperatura ambiente
- ½ taza + 1 cucharada de azúcar en polvo
- ½ cucharadita de levadura en polvo
- 2 huevos pequeños
- ½ cucharadita de ralladura de limón
- Un poco de mantequilla derretida para engrase la fuente de horno

Instrucciones:

1 Añada todos los ingredientes del pastel en una batidora y bata hasta que esté suave y cremoso.
2 Engrase una fuente de horno con mantequilla derretida. Vierta la masa en la fuente.
3 Coloque el plato en una freidora de aire precalentada y hornee a 350°F durante 15 minutos o hasta que al insertar un palillo en el centro éste salga limpio. No compruebe antes de que suene el temporizador.
4 Saque el plato de la freidora de aire y déjelo enfriar.
5 Pase un cuchillo alrededor del pastel y sáquelo de la fuente.
6 Corte y sirva.

Tarta de galletas Oreo

Preparación: 8 min	Total: 16 min	Porciones: 6-8

Ingredientes:

- 25 galletas Oreo, molidas finamente
- 2 cucharaditas de polvo de hornear
- 1 cucharadita de bicarbonato de sodio
- 2 tazas de leche
- 2 cucharadas de almendras fileteadas

Instrucciones:

1   Añada todos los ingredientes del pastel, excepto las almendras, en una batidora y bata hasta que esté suave y cremoso. Pase a un bol. Añada las almendras y mezcle suavemente.
2   Engrase una fuente de horno con mantequilla derretida. Vierta la masa en la fuente.
3   Coloque el plato en una freidora de aire precalentada y hornee a 390°F durante 8 minutos o hasta que al insertar un palillo en el centro éste salga limpio. No compruebe antes de que suene el temporizador.
4   Saque el plato de la freidora de aire y déjelo enfriar.
5   Pase un cuchillo alrededor del pastel y sáquelo de la fuente.
6   Corte y sirva.

Galletas de cacahuete

Preparación: 10 min	Total: 22 min	Porciones: 12

Ingredientes:

- 1 ¾ tazas de harina común
- ½ taza de mantequilla de cacahuete
- cucharadas de aceite vegetal
- Una pizca de sal
- ¼ de taza de azúcar en polvo
- 1 yema de huevo, batida

Instrucciones:

1   Añada la harina, la mantequilla de cacahuete, el aceite, la sal y el azúcar en un bol y mézclelo bien con las manos hasta que se forme la masa.

2   Forre la cesta de la freidora de aire con papel de hornear.

3   Divida la masa y forme pequeñas bolas. Haga galletas con cada bola y colóquelas en la bandeja de horno. Pincele con la yema de huevo.

4   Coloque la cesta en una freidora de aire precalentada y hornee a 340°F durante 10-12 minutos.

5   Si le gusta más crujiente, entonces hornee un par de minutos más.

Macarrones cubiertos de chocolate

Preparación: 15 min	Total: 34 min	Porciones: 8

Ingredientes:

- 2 claras de huevo grandes
- 2 tazas de coco rallado, sin endulzar
- 1-½ onzas de chocolate con leche
- Una pizca grande de sal
- 1 cucharadita de extracto de almendra
- ½ taza de azúcar
- cucharadas de mantequilla

Instrucciones:

1 Coloque el coco rallado en una bandeja para hornear forrada con papel pergamino. Hornee en una freidora de aire precalentada unos 4 minutos hasta que esté ligeramente tostado.

2 Bata la clara de huevo hasta que esté espumosa. Añada el azúcar y la sal y vuelva a batir. Añada el extracto de almendra y el coco tostado.

3 Divida y forme pequeñas bolas y colóquelas en la bandeja de horno forrada.

4 Hornee a 390°F durante unos 15 minutos hasta que se dore.

Tarta de calabaza

Preparación: 10 min	Total: 50 min	Porciones: 6

Ingredientes:

- 2 tazas de galletas de jengibre molidas
- 32 onzas de calabaza enlatada
- 1 taza de claras de huevo
- 1 taza de azúcar
- cucharaditas de mezcla de especias para pastel de calabaza
- 2 latas (12 onzas cada una) de leche evaporada desnatada

Instrucciones:

1   Engrase un molde para tartas apto para el horno con spray de cocina. Coloque las galletas molidas en el molde. Extienda por toda la superficie y presione ligeramente.
2   En un tazón grande, mezcle el resto de los ingredientes. Vierta sobre las galletas.
3   Coloque el plato en una freidora de aire precalentada.
4   Hornee en una freidora de aire a 350°F durante unos 40-45 minutos. Retire de la freidora de aire.
5   Enfríe y refrigere. Corte en cuñas y sirva.

Natillas de arándanos

Preparación: 10 min	Total: 35 min	Porciones: 4-6

Ingredientes:

- huevos
- 1 ¼ tazas de leche
- 1 ½ cucharadas de mantequilla derretida
- 2 cucharadas de miel
- 1/3 de taza de harina para todo uso
- ½ taza de arándanos
- ½ cucharadita de nuez moscada molida
- 1 ½ cucharadas de azúcar de repostería
- ½ cucharadita de extracto de vainilla
- ¼ de cucharadita de sal

Instrucciones:

1. Añada mantequilla a una fuente de horno más pequeña que la freidora y que quepa en ella. Gire la fuente para extender la mantequilla por todo el plato. Alternativamente, puede engrasar una refractaria.
2. Mezcle los huevos, la miel, la leche, la vainilla, la harina y la sal hasta que esté suave. Vierta en el plato.
3. Espolvoree los arándanos por encima.
4. Coloque el plato en la freidora de aire.
5. Hornee en una freidora de aire precalentada a 390°F durante unos 20-25 minutos hasta que se dore.
6. Saque de la freidora de aire y deje enfriar un poco.
7. Espolvoree la nuez moscada y el azúcar glas y sirva.

Tartas de melocotón

Preparación: 20 min	Total: 50 min	Porciones: 12

Ingredientes:

- 2 hojas (paquete de 14 onzas) de hojaldre congelado, descongelar según las instrucciones del paquete
- ½ taza de azúcar
- 2 libras de melocotones, sin hueso, cortados en trozos
- 2 cucharadas de miel
- Pimienta negra recién molida al gusto
- Una pizca grande de sal marina

Instrucciones:

1 Corte cada lámina de hojaldre en 6 cuadrados de 10 cm cada uno. Coloque los cuadrados en una bandeja para hornear forrada con papel pergamino. Pincha los cuadrados por todas partes con un tenedor.

2 Coloque la fruta de su elección en el centro dejando un borde de ½ pulgada en todos los lados.

3 Espolvoree azúcar y pimienta.

4 Coloque la bandeja para hornear en la freidora de aire.

5 Hornee en una freidora de aire precalentada a 350°F durante 25 - 30 minutos.

6 Espolvoree con sal justo antes de servir.

7 Rocíe con miel y sirva inmediatamente.

Tarta de manzana

Preparación: 15 min	Total: 65 min	Porciones: 4-6

Ingredientes:

- 2 manzanas medianas, peladas, descorazonadas y cortadas en rodajas
- 2 masas para tartas (compradas en la tienda)
- ½ taza de azúcar
- 2 cucharadas de mantequilla sin sal, cortada en trozos pequeños
- ½ cucharadita de canela molida

Instrucciones:

1 Coloque una masa en un plato para tartas. Mezcle la canela y el azúcar.
2 Coloque las rodajas de manzana en capas sobre la masa pastelera. Espolvoree la mezcla de azúcar sobre cada capa y espolvoree unos trozos de mantequilla. Cubra con la otra masa pastelera.
3 Coloque la masa en una freidora precalentada. Hornee en un horno precalentado a 390 °F durante unos 10 minutos. Baje la temperatura a 350 °F y hornee durante unos 30 minutos.
4 Corte y sirva caliente.

Magdalenas de red velvet

Preparación: 20 min	Total: 45 min	Porciones: 12

Ingredientes:

Para el pastel:

- huevos
- 1 ½ tazas de mantequilla de cacahuete
- cucharaditas de polvo de remolacha
- 1 ½ tazas de azúcar glas
- 2 cucharaditas de cacao
- tazas de harina

Para el glaseado:

- 2 tazas de mantequilla dura
- 2 cucharaditas de esencia de vainilla
- 1 ½ tazas de azúcar glas
- 2 tazas de queso crema
- ½ taza de salsa de fresas (opcional)

Para adornar:

- Un poco de chocolate triturado o rallado
- 2 fresas, cortadas en rodajas finas

Instrucciones:

1 Añada todos los ingredientes de la tarta en un bol y bata con una batidora eléctrica. Vierta en moldes para magdalenas engrasados hasta 3/4 de
2 Coloque los moldes en una freidora de aire precalentada. Hornee en la freidora de aire a 350°F durante 5 minutos y luego a 340°F durante 10-12 minutos. Retire de la freidora de aire y reserve para que se enfríen.
3 Para el glaseado: Bata con una batidora eléctrica la mantequilla, el azúcar glas y la vainilla hasta que quede suave. Añada el resto de los ingredientes y bata.
4 Cubra los pasteles con el glaseado y coloque rodajas de fresa y chocolate por encima, luego sirva.

Crumble de moras y albaricoques

Tiempo 30-35 min

Ingredientes

- oz de moras frescas
- 20 oz de albaricoques frescos
- ½ taza de azúcar
- 1 ½ taza de harina
- Sal, según el gusto
- 2 cucharadas de zumo de limón
- ½ cucharadas de mantequilla fría

Instrucciones:

1   Corte los albaricoques por la mitad y quíteles las semillas. Corte los albaricoques en cubos y colóquelos en una ensaladera.

2   Añada alrededor de 1 ½ cucharada de azúcar, las moras y el zumo de limón al bol y mezcle bien.

3   Coja una fuente de horno y engrásela bien. Vierta la mezcla anterior en esta fuente y extiéndala con cuidado.

4   En otro bol, añada la sal y la harina y mezcle bien.

5   Añada el resto del azúcar al bol anterior y mezcle de nuevo.

6   Añada alrededor de 1 cucharada de agua fría y la mantequilla a la mezcla de harina y amase. Debe formarse una mezcla desmenuzable.

7   Mantenga la freidora en modo de precalentamiento a 200 °C durante unos 3-5 minutos.

8   Extienda la mezcla de harina sobre las frutas con cuidado. Presione ligeramente para que se fije.

9   Ponga la fuente en la cesta de la freidora y cocine durante unos 15-22 minutos o hasta que el crumble se dore.

Conclusión

Gracias una vez más por comprar este libro.

Ahora se da cuenta de lo versátil y notable que es la freidora de aire. Es un aparato polivalente que puede ayudarle a cocinar alimentos sanos y sabrosos en muy poco tiempo.

Siga las precauciones e instrucciones de seguridad cuando utilice el aparato. Procure limpiar la freidora con frecuencia siguiendo las instrucciones de limpieza que se indican en el folleto que acompaña a su aparato. Si limpia el aparato regularmente y sigue las precauciones de seguridad, prolongará la vida de su aparato muchos años. Se convertirá en su compañero de cocina de toda la vida.

Recuerde que las recetas de este libro son sólo orientativas, puede experimentar con ellas para hacer sus propias recetas con su toque especial. Así que a qué espera, ¡póngase a cocinar!

Buena suerte y gracias de nuevo.

El final... ¡casi!

Las críticas no son fáciles de conseguir.

Como autor independiente con un presupuesto de marketing minúsculo, dependo de que los lectores, como usted, dejen una breve reseña en Amazon.

Aunque sólo sean una o dos frases.

Así que si le ha gustado el libro, diríjase a la página del producto y deje una reseña como se muestra a continuación.

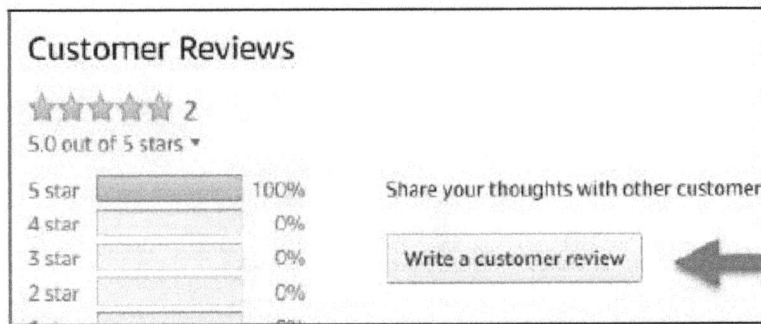

Le agradezco mucho su crítica, ya que realmente marca la diferencia. Gracias de todo corazón por comprar este libro y leerlo hasta el final.